ESPERANZA

PAZ

AMOR

ALEGRÍA

DEVOCIONAL DE ADVIENTO 2020

ESPERANZA

PAZ

AMOR

ALEGRÍA

MARCIA HOTCHKISS
& GILDA HURST

© 2020 Marcia Hotchkiss y Gilda Hurst.
Publicado en Houston, Texas por Bible Study Media, Inc.
Todos los derechos reservados. Ninguna porción de este libro puede ser reproducida, almacenada en un sistema de recuperación o transmitida en cualquier forma o por cualquier medio—electrónico, mecánico, fotocopia, grabación, escaneo o cualquier otro- excepto por breves citas en reseñas o artículos críticos, sin el permiso previo por escrito del editor.

Diseñador gráfico: Sarah Mock Griffin
Traducción al Español: Dee Anna Villalobos

Paperback ISBN: 978-1-942243-43-4
E-book ISBN: 978-1-942243-44-1
Library of Congress Control Number: 2020921091

Para la Traducción al Español se utilizó la Biblia Dios Habla Hoy (DHH) Dios habla hoy ®, © de Sociedades Bíblicas Unidas, 1996.

CONTENIDO

Prefacio 9

Semana 1: Esperanza 11

Semana 2: Paz 27

Semana 3: Amor 43

Semana 4: Alegría 59

Guía de Estudio para Grupo Pequeño

Esperanza 70

Paz 72

Amor 74

Alegría 76

PREFACIO

Adviento 2020

NUESTRA SOCIEDAD a menudo espera que la Navidad se parece como una pintura de Norman Rockwell. Sin embargo, muy pocos de nosotros estamos a la altura de ese ideal. El Adviento, o las semanas previas a la Navidad, puede ser un reto. La presión está en todas partes. Comprar regalos, preparar comidas e interactuar con la familia y los amigos puede ser agotador. A veces, nos preguntamos si vale la pena.

La estación de Adviento ayuda a los cristianos a concentrarse en lo que es realmente importante. Esperamos un bebé que traerá al mundo buenas nuevas de gran gozo (Lucas 2:10). El Dios del universo nos ama tanto que se convirtió en un niño indefenso y vivió y murió para nosotros. Cuando necesitábamos un Salvador, Dios envió uno.

Nuestra oración con estas devociones diarias es conectarte con el amor que vino para alcanzarnos. Que brille la luz del Adviento para que sepamos a quién estamos esperando y las bendiciones que trae.

ESPERANZA

Primer Domingo de Adviento

Dios todopoderoso, danos gracia para despojarnos de las obras de las tinieblas y revestirnos con las armas de la luz, ahora en esta vida mortal, en la cual Jesucristo tu Hijo, con gran humildad, vino a visitarnos; a fin de que en el día postrero, cuando vuelva con majestad gloriosa a juzgar a vivos y muertos, resucitemos a la vida inmortal; mediante él, quien vive y reina contigo y el Espíritu Santo, un solo Dios, ahora y por siempre. *Amén.*

Libro de Oración Común, La Colecta por la Primera Domínica de Adviento

Domingo, 29 de Noviembre

Lee Isaías 64:1-9.
"Sin embargo, SEÑOR, tú eres nuestro Padre; nosotros somos el barro, tú nuestro alfarero; ¡todos fuimos hechos por ti mismo!"— Isaías 64:8

ESTE VERSÍCULO DE ISAÍAS es de una lectura más amplia que explica en detalle cómo todos nosotros no hemos logrado vivir a la altura de la perfección de Dios. Los humanos jugamos un peligroso juego de adivinanzas llamado: "¿Quién vivirá con Dios para siempre?" comparándonos favorablemente con otras personas. Pero la Biblia dice claramente que tenemos que ser perfectos, y como simples mortales, siempre erramos el blanco.

Entonces, ¿qué debemos obtener de esto el primer Domingo de Adviento de 2020? Primero, que somos hijos de Dios. El Señor nos hizo con su propia mano. Eso nos hace más preciosos que cualquier otra cosa y les indica a todos que somos amados sin medida.

Además, al comenzar esta temporada de Adviento, nos recuerda que Dios nos amó tanto que no podía dejarnos al destino que nos merecíamos. En cambio, el Señor envió a su Hijo unigénito al mundo para que pudiéramos reconciliarnos con Él.

Señor, ayúdame a comprender que me amas por completo y que vienes a salvarnos.

Lunes, 30 de Noviembre

Lee Isaías 1:10-20.
"Ustedes vienen a presentarse ante mí, pero ¿quién les pidió que pisotearan mis atrios? No me traigan más ofrendas sin valor; no soporto el humo de ellas. Ustedes llaman al pueblo a celebrar la luna nueva y el sábado, pero yo no soporto las fiestas de gente que practica el mal. Aborrezco sus fiestas de luna nueva y sus reuniones; ¡se me han vuelto tan molestas que ya no las aguanto!" — Isaías 1:12b-14

EN ESTA LECTURA, el Señor está proclamando que no valora las apariencias externas, sino la condición de nuestro corazón. Incluso llega a decir que estas ofrendas superficiales lo cansan.

¿Con qué frecuencia pensamos en Dios cansado? Probablemente no muy a menudo. Tengo el álbum "Be Still and Know" de Amy Grant descargado en mi teléfono. Mi canción favorita es "Carry You" con las palabras, "Estoy cansado de ver mientras luchas por tu cuenta. Llámame y vendré ". Esto significa que no tengo que construir planes y formas de llegar a Dios por mi cuenta. El Viene, como se nos dice en Adviento, más claramente cuando confieso que mis esfuerzos son inútiles.

Señor, ayúdame a saber en mi corazón y en mi cabeza que nada de lo que haga o diga puede hacer que me ames más o menos. Vienes a mí por quién eres y solo Tú puedes cargarme.

Martes, 1 de Diciembre

Lee Juan 1:35-42.
"Al día siguiente, Juan estaba allí otra vez con dos de sus seguidores. Cuando vio pasar a Jesús, Juan dijo:—¡Miren, ése es el Cordero de Dios! Los dos seguidores de Juan lo oyeron decir esto, y siguieron a Jesús. Jesús se volvió, y al ver que lo seguían les preguntó —¿Qué están buscando? Ellos dijeron:—Maestro, ¿dónde vives? Jesús les contestó:—Vengan a verlo." — Juan 1:35-39a

ESTA LECTURA DE JUAN SIEMPRE ME ASOMBRA por su sencillez evangélica. Después de que Juan reconoció a Jesús como el Mesías, los dos discípulos dejaron atrás lo que estaban haciendo y siguieron a Jesús. Cuando los hombres le preguntaron a Jesús dónde se alojaba, él simplemente les dijo que "Vengan a verlo."

Vemos a Felipe también diciéndole a Natanael: "Ven y ve", unos versículos más adelante en este primer capítulo de Juan. Otra simple afirmación que no empuja ni manipula; más bien, simplemente invita.

Veo esta misma naturaleza acogedora de Dios empujándome suavemente. He oído decir que Dios no se impone a nosotros porque es amable y cortés. Creo que también es porque Él conoce mi naturaleza rebelde. Sabe que corro siempre que me siento acorralado. El Señor me dice que "venga y vea" porque es mucho más probable que eventualmente le responda.

Señor, ayúdame a seguirte cuando dices: "Ven y ve".

Miércoles, 2 de Diciembre

Lee 1 Tesalonicenses 2: 13-20.
"Por esto, de nuestra parte, damos siempre gracias a Dios, pues cuando ustedes escucharon el mensaje de Dios que nosotros les predicamos, lo recibieron como mensaje de Dios y no como mensaje de hombres. Y en verdad es el mensaje de Dios, el cual produce sus resultados en ustedes los que creen. Cuando ustedes, hermanos, sufrieron persecución a manos de sus paisanos, les pasó lo mismo que a las iglesias de Dios de los que pertenecen a Cristo Jesús en Judea, pues ellos también fueron perseguidos por sus paisanos los judíos."— 1 Tesalonicenses 2:13-14

El apóstol Pablo aquí escribe acerca de la fidelidad de los creyentes en Tesalónica. Dice que aceptaron la palabra de Dios exactamente como es y son imitadores de los cristianos de Judea. En otras palabras, no solo los Tesalonicenses se han convertido, sino que también están siendo transformados por su fe. En secreto, a menudo no quiero ser transformado porque tengo miedo de que Dios cambie algo importante para mí como mis relaciones, mi tiempo o mi dinero.

¿Qué forma toma la resistencia al Espíritu Santo en tu vida? Por lo general, queremos aferrarnos al control y la dirección, y a menudo lo hacemos incluso cuando los resultados no son los que realmente queremos. El primer paso en cualquier programa de 12 pasos es decir que soy impotente (ante las drogas, el alcohol, otras personas, etc.). Ese es también el comienzo de ser transformado por el Dios vivo. Cuando admitimos que necesitamos a Dios, derribamos los muros y las resistencias que hemos construido, y ese es el primer paso paraser verdaderamente transformados.

Señor, ayúdame a estar abierto a la transformación por el Espíritu Santo.

Jueves, 3 de Diciembre

Lee 1 Tesalonicenses 3:1-13.
"Entonces, no pudiendo resistir más, decidimos quedarnos solos en Atenas y enviar a nuestro hermano Timoteo, que es colaborador de Dios en el anuncio del evangelio de Cristo. Lo enviamos para que fuera a afirmarlos y animarlos en su fe, y para que ninguno se dejara confundir por estas dificultades. Pues ustedes mismos saben que tenemos que sufrir estas cosas. Además, cuando todavía estábamos con ustedes, les advertimos que íbamos a tener aflicciones; y así sucedió, como ya saben. Por eso, yo en particular, no pudiendo resistir más, mandé preguntar cómo andaban ustedes en cuanto a su fe, pues tenía miedo de que el tentador les hubiera puesto una tentación y que nuestro trabajo hubiera resultado en vano."
— 1 Tesalonicenses 3:1-5

A MENUDO PENSAMOS en Pablo como una fuerza de la naturaleza, pero en esta lectura de su primera carta a los Tesalonicenses, vemos la importancia de las relaciones humanas para él. Por un lado, Pablo parece estar afirmando con frialdad la inevitabilidad de ser perseguido. Por otro lado, parece estar reconociendo un profundo amor y preocupación por estos hermanos y hermanas en Cristo. De hecho, incluso dice más de una vez que "no pudo soportarlo más" cuando no recibió un informe sobre ellos y su fe.

Una vez escuché a un orador en una conferencia de mujeres pedir a los asistentes que se proyectaran hasta el final de sus vidas y consideraran lo que sería importante entonces. Por supuesto, Dios y Su palabra serían bastante importantes, pero ¿qué más? La gente que habíamos amado y la gente que nos amaba.

Dios, ayúdame a recordar que las personas en mi vida fueron creadas y redimidas por Ti y son más importantes que los plazos, los desacuerdos, las agendas o la política. Y esas relaciones pueden muy bien reflejar mi verdadera religión, lo que realmente creo sobre Ti.

Viernes, 4 de Diciembre

Lee Lucas 20:41-21:4.
"Jesús estaba viendo a los ricos echar dinero en los cofres de las ofrendas, y vio también a una viuda pobre que echaba dos monedítas de cobre. Entonces dijo:—De veras les digo que esta viuda pobre ha dado más que todos; pues todos dan ofrendas de lo que les sobra, pero ella, en su pobreza, ha dado todo lo que tenía para vivir." — Lucas 21:1-4

JESÚS LLAMA a los ricos que dan su exceso de dinero en la sinagoga y elogia a la viuda pobre que simplemente pone dos monedas. La Biblia ciertamente menciona mucho el dinero, pero me pregunto si hay un mensaje más profundo.

Primero, en la Judea de la época de Jesús y en cualquier otro momento desde entonces, los humanos a menudo guardamos nuestro dinero y gastamos cómo en un puño cerrado pero escondido. Tal vez esto se deba a que, con demasiada frecuencia, nuestro valor como personas se mide por el dinero o las posesiones que tenemos. Como enseñó Ignacio de Loyola, los discípulos deben tomar a la ligera todas las cosas mundanas, incluido el dinero. El dinero es un regalo de Dios y no es necesario que lo aferremos con demasiada fuerza.

En segundo lugar, quizás esta historia del evangelio también habla de nuestra mayor resistencia a Dios.

A menudo resistimos la obra del Espíritu Santo en nuestras vidas cuando algo demasiado importante para nosotros está en juego. Queremos darle a Dios solo las partes de nuestras vidas que elijamos y que no cambiarán nuestro mundo. Pero los pobres (de hecho y en espíritu) conocen muy bien su desesperada necesidad de Dios y arrojan toda su vida a sus pies.

Jesús, recuérdame a menudo mi necesidad desesperada y, a veces, oculta de ti.

Sábado, 5 de Diciembre

Lee 1 Tesalonicenses 4:13-18.
"Hermanos, no queremos que se queden sin saber lo que pasa con los muertos, para que ustedes no se entristezcan como los otros, los que no tienen esperanza. Así como creemos que Jesús murió y resucitó, así también creemos que Dios va a resucitar con Jesús a los que murieron creyendo en él. Por esto les decimos a ustedes, como enseñanza del Señor, que nosotros, los que quedemos vivos hasta la venida del Señor, no nos adelantaremos a los que murieron. Porque se oirá una voz de mando, la voz de un arcángel y el sonido de la trompeta de Dios, y el Señor mismo bajará del cielo. Y los que murieron creyendo en Cristo, resucitarán primero; después, los que hayamos quedado vivos seremos llevados, juntamente con ellos, en las nubes, para encontrarnos con el Señor en el aire; y así estaremos con el Señor para siempre. Anímense, pues, unos a otros con estas palabras."— 1 Tesalonicenses 4:13-18

ESTA LECTURA de la carta de Pablo a los Tesalonicenses destaca la importancia de conocer la verdad acerca de nuestro hogar eterno. Para la mayoría de nosotros, esto es tranquilizador. Aunque Dios quiere que estemos plenamente comprometidos y presentes en lo que sucede a nuestro alrededor, la verdad es que este mundo no es nuestro destino final.

Amy Simpson en *Blessed Are the Unsatisfied* dice que nuestro objetivo nunca debería ser encontrar la satisfacción total aquí. *"Al mirar hacia un mundo mejor, ejercemos nuestra fe en lo que no podemos ver (Hebreos 11: 1). Y lo que es visible para nosotros ahora, lo vemos en un reflejo nebuloso como un espejo, sabiendo que algún día veremos cara a cara, y nuestro conocimiento, incompleto e insatisfecho, por ahora entonces será completo (1 Corintios 13: 9-12)."*

Alabo a Dios porque un día estaremos con el Señor y ya no lucharemos con problemas de apariencia, relaciones rotas, injusticia y odio.

Dios, ayúdame a ver tu gracia obrando en este mundo y saber que es un anticipo del glorioso y celestial hogar por venir.

PAZ

Segundo Domingo De Adviento

Dios de misericordia, que enviaste a tus mensajeros, los profetas, a predicar el arrepentimiento y preparar el camino de nuestra salvación: Danos gracia para atender sus advertencias y abandonar nuestros pecados, a fin de que recibamos gozosamente la venida de Jesucristo nuestro Redentor; que vive y reina contigo y el Espíritu Santo, un solo Dios, ahora y por siempre. *Amén.*

Libro de Oración Común, La Colecta por la Segunda Domínica de Adviento

Domingo, 6 de Diciembre

Lee Marcos 1:1-8.
"Yo los he bautizado a ustedes con agua; pero él los bautizará con el Espíritu Santo."— Marcos 1:8

DIOS LLAMÓ a Juan el Bautista a preparar al pueblo de Israel para la venida del Mesías que vivirá entre nosotros y dentro de nosotros. Su llamado es que abramos nuestros corazones, que nos volvamos del veneno del pecado y recibamos a Jesús. Ese mismo llamado a la preparación resuena con fuerza hoy.

¿Qué mensaje de esperanza y preparación nos promete Jesús para nosotros que estamos experimentando el exilio debido a una pandemia, división racial o ambas? ¿Cómo comenzamos a desentrañar el miedo, el odio, la violencia, el aislamiento, la ira, la depresión, la desobediencia y los deseos en espiral descendente para aferrarnos a la esperanza eterna que se encuentra en el *agua* del bautismo? Es el *agua* que nos liberó de una vez por todas de la muerte del pecado. Es el *Agua Eterna* que limpia no solo lo externo, sino que también nos rehace internamente: una creación auténtica, preparada por el Espíritu Santo que reside y nos guía activamente.

La canción de Carrie Underwood "Something in the Water" parece magnificar el cambio y la fuerza que se produce en el agua: "Tengo alegría en mi corazón, ángeles a mi lado. Gracias a Dios todopoderoso, vi la luz. Debe haber algo en el agua."

Señor, prepara mi cuerpo, mente y espíritu para este tiempo y temporada para entrar voluntariamente en el agua de la plenitud.

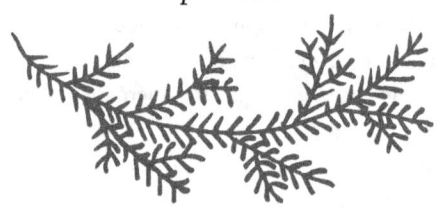

Lunes, 7 de Diciembre

Lee 1 Tesalonicenses 5:1-11.
"Pero ustedes, hermanos, no están en la oscuridad, para que el día del regreso del Señor los sorprenda como un ladrón. Todos ustedes son de la luz y del día. No somos de la noche ni de la oscuridad."— 1 Tesalonicenses 5:4-5

TAN SEGURO como el sol saliendo y la luna brillando en la oscuridad, el Mesías viene. Me encanta que San Pablo nos identifique como hijos de la luz e hijos del día. El Adviento está lleno de imágenes de luz y oscuridad. Faros de automóviles, farolas, lámparas, luces de seguridad, todo ilumina el espacio para llevarnos a un lugar seguro. Mi iluminación favorita está en una cuerda. Ya sea que esté envuelto alrededor de un árbol o suspendido en espacios abiertos, hay algo emocionante que crea una anticipación positiva.

La vida nos atrae a escondernos en la oscuridad. Y la oscuridad, con su promesa de mantener el secreto en actividades que destruyen, crea caos y causa estragos. San Pablo nos advierte que estemos alerta y que tengamos dominio propio porque "no sabemos la hora" en que Cristo regresará.

Viene el Mesías. *"pero nosotros, que somos del día, debemos estar siempre en nuestro sano juicio. Debemos protegernos, como con una coraza, con la fe y el amor, y cubrirnos, como con un casco, con la esperanza de la salvación."* (1 Tesalonicenses 5: vs. 8-9). Somos hijos de la luz e hijos del día.

Señor, mientras las "luces" brillan a nuestro alrededor en este Adviento, deja que nuestros corazones también examinen la oscuridad interior y den la bienvenida a la luz que ilumina.

Martes, 8 de Diciembre

Lee 1 Tesalonicenses 5:12-28.
"Deben estimarlos y amarlos mucho, por el trabajo que hacen. Vivan en paz unos con otros. También les encargamos, hermanos, que reprendan a los indisciplinados, que animen a los que están desanimados, que ayuden a los débiles y que tengan paciencia con todos. Tengan cuidado de que ninguno pague a otro mal por mal. Al contrario, procuren hacer siempre el bien, tanto entre ustedes mismos como a todo el mundo"— 1 Tesalonicenses 5:13b-15

Los veranos de nuestra infancia los pasamos construyendo castillos de heno en el granero y explorando el bosque con mi hermano. Atravesando el campo y el jardín de camino a casa, las habilidades de burla de mi hermano no pudieron resistir los tomates maduros en rama que rápidamente se convirtieron en su munición. ¡Yo era el objetivo! Siguieron los gritos de insultos y tonterías, y fue una guerra total. Tan repentinamente como comenzó, una orden de alto el fuego "¡Dewain! Gilda! ¡Deténganse ahora mismo!" Mamá estaba en la escena. "¡Él lo inició!" Respondí. "¡Ella también estaba tirando tomates!" Dewain se defendió. La voz de mi madre resuena incluso ahora cuando la escuché decir: "*Hagan ustedes con los demás como quieren que los demás hagan con ustedes.*" (Lucas 6:31).

En esta lectura, Pablo nos remite a la regla de oro de tratarnos unos a otros con respeto, amor y paciencia, y tratar con amabilidad incluso a aquellos que nos han hecho mal. Se necesita oración y práctica para que nuestros pensamientos se alineen con nuestros corazones y para que nuestras acciones se alineen con ambos.

El Adviento es un tiempo de reunión para familiares y amigos. ¿Hay recuerdos de tomate podrido en tu puño, listos para nuevas peleas por heridas pasadas? El ejemplo de Cristo de orar continuamente por la voluntad de Dios promete un corazón lleno de gozo.

Espíritu Santo, te abrimos las manos para que nos guíes a vivir en paz unos con otros.

Miércoles, 9 de Diciembre

Lee Isaías 6:1-13.
"Y pensé: «¡Ay de mí, voy a morir! He visto con mis ojos al Rey, al Señor todopoderoso; yo, que soy un hombre de labios impuros y vivo en medio de un pueblo de labios impuros.» En ese momento uno de aquellos seres como de fuego voló hacia mí. Con unas tenazas sostenía una brasa que había tomado de encima del altar, y tocándome con ella la boca, me dijo: «Mira, esta brasa ha tocado tus labios. Tu maldad te ha sido quitada, tus culpas te han sido perdonadas.»"
— Isaías 6:5-7

¿PUEDES IMAGINAR UNA CARBÓN CALIENTE colocada en tus tiernos labios? ¿Por qué Dios eligió los labios para quemar? Según los expertos en habla y lenguaje, los labios cambian la resonancia de los sonidos del habla cuando se comprimen y luego se abren y producen una liberación rápida y explosiva de la respiración. Respiración. Pneuma. Las brasas abrasan los labios por el Espíritu que emerge de lo profundo de nuestro corazón. La culpa se ha ido y los pecados han sido borrados. liberación. ¿Qué carbón vivo necesita para tocar tus labios? ¿Qué romperá las cadenas que nos atan a nuestro pecado?

Señor, elige el carbón que purifica el corazón, la mente, el espíritu y el alma para que seamos dignos y respondamos al llamado de Dios en nuestras vidas.

Jueves, 10 de Diciembre

Lee Lucas 22:1-13.
"Preparen allí lo necesario. Ellos fueron y lo encontraron todo como Jesús se lo había dicho, y prepararon la cena de Pascua." — Lucas 22:12b-13

EL DÍA DOCE DE ADVIENTO nos lleva a los preparativos de La Última Cena. Pedro y Juan fueron seleccionados por Jesús para ir delante de él para encontrar el aposento alto designado para la cena, comprar los víveres, preparar la comida de acuerdo con las leyes kosher, ordenar el área, adornar la mesa del banquete con la configuración de la mesa prescrita, preparar palanganas para lavar los pies y todo los otros elementos esenciales. ¡Me pregunto si tenían una lista de verificación detallada completa con una tabla de asientos! Si alguna vez ha organizado un gran evento, sabe la importancia de los detalles y el calendario. Sin embargo, no tenían idea de que esta Pascua estaba a punto de ser un cambio de pacto.

La Pascua de antaño requería el sacrificio anual de un cordero sin defecto acompañado de alimentos específicos, preparación detallada, requisitos de cocción y alimentación para el perdón de los pecados. Jesús estaba cambiando las mesas para crear un nuevo pacto. Jesús, el perfecto Cordero de Dios, sería sacrificado sellando el perdón de los pecados para siempre.

Una paz me invade mientras reflexiono sobre el sacrificio de Jesús. Simplificó el perdón para que todos pudieran sentarse a la mesa del banquete perdonados para siempre. ¿Qué falta de perdón se aferra a tu alma? Ven y recuéstate con Jesús y cuéntale tu historia. Todos están invitados a la mesa.

Señor, danos ojos para ver, oídos para oír y corazones para recibir tu don pascual de quitar el pecado del mundo.

Viernes, 11 de Diciembre

Lee Isaías 7:10-25.
"El Señor dijo también a Ahaz: «Pide al Señor tu Dios que haga un milagro que te sirva de señal, ya sea abajo en lo más profundo o arriba en lo más alto.» Ahaz contestó: «No, yo no voy a poner a prueba al Señor pidiéndole una señal.»"
— *Isaías 7:10-12*

¡DIOS OFRECE UNA SEÑAL! Ahaz rechaza la gracia y la misericordia de Dios por su propio plan. Se le advierte de la inminente destrucción de su pueblo y reino si procede. Y lo hace de todos modos.

El comediante Bill Engvall ha hecho una fortuna haciendo reír a su público con sus rutinas de "Aquí está tu signo". Nos reímos y sacudimos la cabeza por las locuras que la gente dice o hace sin pensarlo bien antes de actuar. "Aquí está tu signo".

Los signos pueden descansar en la tensión entre resultados negativos y positivos. A veces ignoramos el bulto en el pecho por miedo a lo que indica el signo. Cuando uno reconoce la señal y crea un equipo de atención médica y un plan nutricional, puede proporcionar un viaje muy diferente al de no hacer nada. Sin embargo, cuando uno ignora las señales por temor a perder compañeros, estatus social, cambio de estatus económico, creencias, tradiciones y una posible reubicación, todo puede ahogar la señal de la gracia de Dios. Orar juntos en unidad pidiendo señales y luego buscar activamente esas señales puede liberar una abundancia de la misericordia de Dios. De cualquier manera, ignorando o buscando, debemos estar preparados para aceptar las consecuencias.

Señor, enviaste al Espíritu Santo para guiarnos, para consolarnos. Abre nuestros ojos y corazones a las señales que brindas a nuestras vidas.

Sábado, 12 de Diciembre

Lee Lucas 22:31-38.
"Simón, Simón, mira que Satanás los ha pedido a ustedes para sacudirlos como si fueran trigo; pero yo he rogado por ti, para que no te falte la fe. Y tú, cuando te hayas vuelto a mí, ayuda a tus hermanos a permanecer firmes." — Lucas 22:31-32

EL DIABLO es nuestro adversario que busca a quien devorar; (1 Pedro 5: 8) alguien a quien distraer, desanimar y confundir. El deseo de poder de Satanás buscaba exponer a Pedro y las debilidades del discípulo para quebrantar su fe. Pero estaba Jesús iluminando el tiempo pasado del plan de Satanás para Pedro. Jesús había orado pidiendo la fortaleza de la fe de Pedro, y le aseguró que volvería y fortalecería a otros.

Zach Williams escribió la canción "There was Jesus" y la grabó con Dolly Parton. Zach compartió la historia de su vida de ser atacado por Satanás. Millones de personas escuchan ahora ese examen de su debilidad como testimonio de cómo nunca caminamos solos:

> En la espera, en la búsqueda
> En la curación, en el dolor
> Como una bendición enterrada en las
> piezas rotas.
> Cada minuto, cada momento

> Dónde he estado o adónde voy
> Incluso cuando no lo sabía
> O no pude verlo
> Allí estaba Jesús

Jesús tiene un regalo esperándote en este Adviento. Todas las piezas rotas que el adversario quiso hacer daño, Jesús las restaura en un hermoso testimonio.

Jesús, revela nuestra historia de pedazos rotos desenmascarando al enemigo mientras revela su sanidad, gracia y misericordia siempre presentes.

AMOR

Tercer Domingo de Adviento

Suscita tu poder, oh Señor, y con gran potencia ven a nosotros; ya que estamos impedidos penosamente por nuestros pecados, haz que tu abundante gracia y misericordia nos ayuden y libren prontamente; por Jesucristo nuestro Señor, a quien contigo y el Espíritu Santo, sea el honor y la gloria, ahora y por siempre. *Amén*.

Libro de Oración Común, La Colecta por la Tercera Domínica de Adviento

Domingo, 13 de Diciembre

Lee Juan 1:6-8, 19-28 .
"Hubo un hombre llamado Juan, a quien Dios envió como testigo, para que diera testimonio de la luz y para que todos creyeran por lo que él decía. Juan no era la luz, sino uno enviado a dar testimonio de la luz."— Juan 1:6-8

EN ESTA LECTURA y en otras Juan el Bautista, parece ser humilde pero completamente cómodo en su llamado de Dios. Juan el Bautista no está impulsado por el ego como muchos en el mundo y en la iglesia. Todos podemos nombrar ministerios que fueron impulsados por la personalidad, en lugar de impulsados por el espíritu. A menudo, la experiencia nos deja decepcionados y desanimados.

Por otro lado, el papel de Juan el Bautista es uno que podemos imitar. La Palabra dice que "Juan no era la luz, sino uno enviado a dar testimonio de la luz." De una manera similar y posiblemente menos dramática, los cristianos podemos señalar la verdadera luz que vino al mundo en Navidad. Podemos encontrar la historia de Jesús tan convincente como lo hizo Juan. Dudo que muchos de nosotros suframos el destino final de Juan el Bautista, pero todos podemos mostrar al mundo sufriente y caído La Luz al señalar la gracia de Dios en cada lugar donde la vemos.

Ayúdanos, Señor a testificarte solo a Ti.

Lunes, 14 de Diciembre

Lee Lucas 22:39-53.
"Luego Jesús salió y, según su costumbre, se fue al Monte de los Olivos; y los discípulos lo siguieron. Al llegar al lugar, les dijo: —Oren, para que no caigan en tentación. Se alejó de ellos como a la distancia de un tiro de piedra, y se puso de rodillas para orar. Dijo: «Padre, si quieres, líbrame de este trago amargo; pero que no se haga mi voluntad, sino la tuya.» En esto se le apareció un ángel del cielo, para darle fuerzas. En medio de su gran sufrimiento, Jesús oraba aún más intensamente, y el sudor le caía a tierra como grandes gotas de sangre. Cuando se levantó de la oración, fue a donde estaban los discípulos, y los encontró dormidos, vencidos por la tristeza. Les dijo: —¿Por qué están durmiendo? Levántense y oren, para que no caigan en tentación."— Lucas 22:39-46

DURANTE ESTE TIEMPO DEL AÑO, la atención se centra en el nacimiento del Salvador. Nosotros, como Ricky Bobby (Will Ferrell) en la comedia "Talladega Nights", encontramos consuelo al pensar en "el pequeño bebé Jesús de 8 libras, 6 onzas de peluche". Pero esta historia del evangelio de Lucas nos ayuda a pensar en Jesús como un hombre condenado que lucha con una muerte violenta que no merecía, así como una separación de Su Padre tan completa que algunos lo llaman infierno. Su angustia era tan extrema que sudaba gotas de sangre.

Esta escena hace que la historia navideña del bebé en el pesebre sea aún más profunda.

La segunda escena de estos versículos de Lucas muestra a Jesús encontrando a los discípulos dormidos. La advertencia de Jesús para ellos sigue siendo relevante en 2020: " Levántense y oren, para que no caigan en tentación." Como Jesús, todos los cristianos todavía luchan contra el mal en este mundo.

Señor, ayúdame a concentrarme en ti y no en todas las otras distracciones en esta época del año. Ilumíname para que no me quede dormido espiritual o emocionalmente en estas fiestas. Llévame hacia ti mientras oro para que "no caigan en tentación."

Martes, 15 de Diciembre

Lee Isaías 9:1-7.
"Porque nos ha nacido un niño, Dios nos ha dado un hijo, al cual se le ha concedido el poder de gobernar. Y le darán estos nombres: Admirable en sus planes, Dios invencible, Padre eterno, Príncipe de la paz. Se sentará en el trono de David; extenderá su poder real a todas partes y la paz no se acabará; su reinado quedará bien establecido, y sus bases serán la justicia y el derecho desde ahora y para siempre. Esto lo hará el ardiente amor del Señor todopoderoso."— Isaías 9:6-7

MUCHOS SABEN que el profeta Isaías vivió alrededor de 700 años antes del nacimiento de Jesús. Lo que me sorprende aquí no es solo la precisión de la profecía, sino el conocimiento de que nuestro Dios nos ama tanto. Dios sabía que el hombre erraría el blanco y necesitaría desesperadamente un Salvador. Por lo tanto, el Señor no se sorprendió por la difícil situación e hizo un plan para salvarnos cientos de años (al menos) antes de que Jesús naciera en un pesebre.

Cuando los tiempos son difíciles o desalentadores, es un gran estímulo saber que incluso cuando algo pasa por sorpresa, Dios no se sorprende. Él siempre entiende lo que necesitamos, ya sea la energía para luchar contra la fiebre de las compras navideñas o el recordatorio en tiempos de estrés familiar de que nuestra fuerza está solo en Él. Somos preciosos porque fuimos creados a la imagen de Dios y redimidos por Su sangre.

Señor, ayúdame a mantener la confianza de que, incluso en esta temporada ocupada, tu amor por mí realmente es un "Amor divino, supera todos los amores."

Miércoles, 16 de Diciembre

Lee Marcos 1:1-8.
"Principio de la buena noticia de Jesús el Mesías, el Hijo de Dios. Está escrito en el libro del profeta Isaías: «Envío mi mensajero delante de ti, para que te prepare el camino. Una voz grita en el desierto: "Preparen el camino del Señor; ábranle un camino recto."» Y así se presentó Juan el Bautista en el desierto; decía a todos que debían volverse a Dios y ser bautizados, para que Dios les perdonara sus pecados. Todos los de la región de Judea y de la ciudad de Jerusalén salían a oírlo. Confesaban sus pecados, y Juan los bautizaba en el río Jordán." — Marcos 1:1-5

EN ESTA HISTORIA DEL EVANGELIO, Dios envía un mensajero para preparar la venida de Cristo. Creo que esta idea de preparar es aún más profunda ahora que estamos en una temporada de preparación. En la iglesia, encendemos la corona de Adviento, nos vestimos de azul y cantamos canciones similares. "Oh ven, oh ven Emmanuel". En el mundo, vemos a Papá Noel en cada comercial, corremos de tienda en tienda y nos preocupamos por quién se presentará para la cena de Navidad.

Dos cosas me llaman la atención cuando leo este pasaje. Primero, Juan el Bautista era un poco extraño. Aparece en el desierto para predicar, no en la esquina de la calle donde la mayoría de la gente lo escuchará. En el siguiente versículo, se nos dice que Juan vestía un chaleco de pelo de camello y comía langostas. Juan era poco convencional incluso en su época de la historia. En la escuela secundaria local, Juan definitivamente no habría sido invitado a la mesa de los niños populares. Pero las Escrituras nos recuerdan que *"el Señor no ve cómo ven los mortales; ellos miran la apariencia exterior, pero el Señor mira el corazón."* (1 Samuel 16: 7).

En segundo lugar, Dios envía un mensajero delante de Su Hijo, y la gente respondió. ¿Dios todavía nos envía? La mayoría de nosotros estaría de acuerdo con esta afirmación, pero no queremos tener que salir al bosque (como nos parezca). No queremos ser el bicho raro que se destaca, o la persona que otros (incluso en la iglesia) no entienden.

Ayúdanos, Señor, a no tener miedo de las apariencias en este tiempo de Adviento y Navidad y a abrirte nuestro corazón.

Jueves, 17 de Diciembre

Lee 2 Pedro 2:10-16.
"Esos hombres son como los animales: no tienen entendimiento, viven sólo por instinto y nacen para que los atrapen y los maten. Hablan mal de cosas que no entienden; pero morirán de la misma manera que los animales, sufriendo por lo que han hecho sufrir a otros." — 2 Pedro 2:12-13a

AQUÍ, PEDRO SE REFIERE a las personas que calumnian y destruyen a otros como "animales". No puedo evitar pensar que estos versículos también podrían aplicarse al pecado de racismo que todavía azota a nuestro país. Martin L. King hizo eco de estas Escrituras: "Como un cáncer sin control, el odio corroe la personalidad y corroe su unidad vital. El odio destruye el sentido de los valores de un hombre y su objetividad". Creo que Dios llora cuando nos ponemos "nuestros uniformes" y juzgamos y despedimos a otros que están en un "equipo" diferente.

Hace unos años tuve la oportunidad de tomar una clase universitaria que estaba enseñando y reunirme con un funcionario del Departamento de Justicia que trabajó durante la presidencia de Kennedy. John Siegenthaler conoció al Dr. King durante la década de 1960 y nos contó historias de primera mano sobre él. Cuando un estudiante le preguntó qué palabra usaría para describir MLK, respondió: "Amor".

Señor, ayúdanos a recordar que todos los seres humanos son preciosos y valiosos porque Tú los creaste a tu imagen. Nos amaste tanto a todos que Jesús nos redimió con Su sangre. Y en palabras del propio Dr. King, ayúdanos a decidir "seguir con el amor. El odio es una carga demasiado grande para soportar."

Viernes, 18 de Diciembre

Lee Mateo 11:2-15.
"Juan, que estaba en la cárcel, tuvo noticias de lo que Cristo estaba haciendo. Entonces envió algunos de sus seguidores a que le preguntaran si él era de veras el que había de venir, o si debían esperar a otro. Jesús les contestó: «Vayan y díganle a Juan lo que están viendo y oyendo. Cuéntenle que los ciegos ven, los cojos andan, los leprosos quedan limpios de su enfermedad, los sordos oyen, los muertos vuelven a la vida y a los pobres se les anuncia la buena noticia. ¡Y dichoso aquel que no encuentre en mí motivo de tropiezo!»" —Mateo 11:2-6

AQUÍ TENEMOS OTRA lectura de Adviento sobre Juan el Bautista. Estaba en la cárcel, pero quería saber quién era realmente Jesús. De hecho, está apostando su vida por la respuesta. Jesús no responde directamente con un simple sí o no. En cambio, habla de los milagros que los discípulos han visto: vista para los ciegos, paralíticos que caminan, leprosos limpios, oído para los sordos, muertos resucitados y buenas nuevas para los pobres. Si Jesús estuviera solicitando un trabajo, no habría necesidad de reforzar su currículum.

Algunos dicen que Jesús estaba hablando aquí solo metafóricamente. Realmente estaba diciendo que todos estamos espiritualmente muertos, ciegos, sordos, inmundos y que necesitamos ser sanados. Y, por supuesto, eso es cierto. Pero también parece que Jesús tenía una extraña habilidad para conocer la carta principal de una persona: el problema persistente que los llevó a Él. Y al igual que en un juego, la carta superior debe jugarse antes de poder repartir las cartas inferiores. En un mundo lleno de políticas controvertidas, discursos de odio, descuido del sufrimiento entre nosotros y materialismo enloquecido, a menudo ni siquiera conozco mi única necesidad real. Qué consuelo es que Dios me ama, me conoce y que Dios envió a su Hijo como el Mesías para ayudarme y salvarme.

Qué consuelo es que Dios me ama, me conoce y que Dios envió a su Hijo como el Mesías para ayudarme y salvarme.

Sábado, 19 de Diciembre

Lee Judas 1:19-25.
"El Dios único, Salvador nuestro, tiene poder para cuidar de que ustedes no caigan, y para presentarlos sin mancha y llenos de alegría ante su gloriosa presencia. A él sea la gloria, la grandeza, el poder y la autoridad, por nuestro Señor Jesucristo, antes, ahora y siempre. Amén""— Judas 1:24-25

JUDAS no es un libro del Nuevo Testamento en el que pienso mucho. Pero al entrar en el cuarto domingo de Adviento, sería bueno considerarlo. Estos dos versículos nos recuerdan que no podemos salvarnos de caer en el pecado y la ley. No importa si no asisto a todas las actividades navideñas. No importa si compro los regalos perfectos. No importa lo que los miembros de mi iglesia o incluso mi familia piensen de mí. El Salvador nos presenta "sin mancha en la presencia de su gloria". Y Judas nos dice que nos "regocijaremos" cuando veamos a Dios cara a cara. ¡Qué promesa! ¡Qué consuelo!

Jesús, ayúdame a recordarme todos los días que el cielo es mi verdadero hogar.

Nuestro Rey y Salvador se acerca ahora: Venid, adorémosle.

*Libro de Oración Común, La Oración
Matutina Diaria II, Adviento*

ALEGRÍA

Cuarto Domingo de Adviento

Dios todopoderoso, te suplicamos que purifiques nuestra conciencia con tu visitación diaria, para que, cuando venga tu Hijo Jesucristo, encuentre en nosotros la mansión que le ha sido preparada; quien vive y reina contigo, en la unidad del Espíritu Santo, un solo Dios, ahora y por siempre. *Amén.*

Libro de Oración Común, La Colecta por la Cuarta Domínica de Adviento

Domingo, 20 de Diciembre

Lee Lucas 1:46-55.
"María dijo: «Mi alma alaba la grandeza del Señor; mi espíritu se alegra en Dios mi Salvador. Porque Dios ha puesto sus ojos en mí, su humilde esclava, y desde ahora siempre me llamarán dichosa." — Lucas 1:46-48

DICHOSA. María derrama su corazón alabando la grandeza de Dios por elegirla como sierva humilde para ser el vaso que da a luz el don prometido de Dios. Alabando a Dios con alegría y gratitud, la obediencia de María es un canto del corazón, exaltando la alabanza y dando todo el crédito a Dios. Bendito equivale a humilde servidumbre y favor de Dios.

Los significados de las palabras ciertamente se transforman con el tiempo. Las publicaciones de Facebook, Instagram y Twitter en #dichosa producen imágenes o declaraciones de satisfacción de vacaciones, hogares, automóviles, amigos, entretenimiento y comida. #dichosa representa típicamente la satisfacción personal de "vivir la mejor vida", una vida de privilegios y comodidades. ¿Qué bendita "canción" proyecta tu vida? ¿Bendito como siervo de Dios? ¿Bendito cumplimiento de los placeres terrenales?

Jesús, muéstranos un rayo del alma de María para que nosotros también podamos regocijarnos en la bendición de servirte.

Lunes, 21 de Diciembre

Lee Isaías 11:1-9.
"De ese tronco que es Jesé, sale un retoño; un retoño brota de sus raíces."— Isaías 11:1

"¿QUIÉN ES TU GENTE?" Después de saludar inicialmente a un nuevo conocido, mi padre siempre hacía la pregunta "¿Quiénes son tu gente?" La investigación fue como un ejercicio de poda viendo a un maestro jardinero cavar para encontrar la raíz principal, la raíz que ancla. El descubrimiento arrojaría luz sobre el linaje, las características, las creencias, el propósito y la conexión de la familia. ¡Las raíces importan!

El hijo menor de Isaí, David, fue ungido por el profeta Samuel para el reinado futuro. En el bautismo, también somos ungidos y sellados como propiedad de Cristo, injertándonos para siempre en la familia de Dios y enraizándonos para la eternidad. ¡Las raíces importan!

Señor, crea en nuestros corazones y almas un anhelo de conexión, de profundizar, de encontrar nuestro injerto en las Raíces de Jesús.

Martes, 22 de Diciembre

Lee Hebreos 10:35-11:1.
"Tener fe es tener la plena seguridad de recibir lo que se espera; es estar convencidos de la realidad de cosas que no vemos."— Hebreos 11:1

LOS CALENDARIOS DE ADVIENTO COLGADOS en las paredes de la cocina mientras los niños correteaban para abrir la puerta del 22 de Diciembre revelando el mensaje del interior. Alguien sintió la anticipación que los 25 días de Diciembre trajeron a los niños pequeños y mayores. El sentimiento que surgió en la década de 1850 llevó a la actividad del calendario diario de Adviento con puertas numeradas del 1 al 25. Cada día, otra puerta abierta revelaba una parte de las Escrituras de la historia de la Natividad. El objeto del calendario era enfocar los corazones en Cristo y su venida como el Salvador del mundo.

El Adviento se refiere a la primera venida de Cristo a la tierra. *"Aquel que es la Palabra se hizo hombre y vivió entre nosotros. Y hemos visto su gloria, la gloria que recibió del Padre, por ser su Hijo único, abundante en amor y verdad."* (Juan 1:14).

Sin embargo, ese no es el único Adviento. Habrá un segundo Adviento cuando Jesús regrese. Sigamos el ejemplo de los niños mientras vivimos en la fe seguros de lo que esperamos y seguros de lo que no vemos.

Señor, que nuestra anticipación concentrada en tu segunda venida nos traiga una emoción diaria llena de la certeza de ver al Salvador.

Miércoles, 23 de Diciembre

Lee Lucas 1:26-38.
"'Ahora vas a quedar encinta: tendrás un hijo, y le pondrás por nombre Jesús.'... 'El ángel le contestó: —El Espíritu Santo vendrá sobre ti, y el poder del Dios altísimo se posará sobre ti. Por eso, el niño que va a nacer será llamado Santo e Hijo de Dios.'" — Lucas 1:31, 35

EL ÁNGEL SE APARECIÓ a María diciéndole que ella tendría un hijo y las cosas que su hijo lograría. Cuando ella respondió: *"que Dios haga conmigo como me has dicho."* (vs. 38) me pregunto si ella realmente podría comprender qué era lo que estaba confirmando. Mark Lowry escribió una canción conmovedora que habla al corazón de María:

"¿Sabías que tu bebé ha venido a hacerte nueva?
Este niño que has dado a luz, pronto te dará la luz.
¿Sabías que tu bebé ha caminado donde pisaron los
ángeles? Cuando besas a tu pequeño bebé, besas
el rostro de Dios. ¿Sabías que tu bebé es el cordero
perfecto del cielo? Ese niño dormido que estás
sosteniendo es el gran YO SOY. ¿María, sabías?"

Este cuarto Domingo de Adviento a menudo está lleno de pastorelas navideñas que recuerdan el viaje de María y José a Belén y el nacimiento de Jesús. A medida que los corazones y las mentes captan la imagen de un hermoso bebé que salta en los brazos de María, que podamos realizar de que ella sostiene al Gran YO SOY. El Hijo de Dios vino en forma humana humilde para hacer nuevas las cosas y librarnos.

Señor, hoy estamos asombrados de que una joven se sometiera en total obediencia al mensaje de tu ángel.

Jueves, 24 de Diciembre

Lee Filipenses 2:5-11.
"Por eso Dios le dio el más alto honor y el más excelente de todos los nombres, para que, ante ese nombre concedido a Jesús, doblen todas las rodillas en el cielo, en la tierra y debajo de la tierra, y todos reconozcan que Jesucristo es Señor, para gloria de Dios Padre." — Filipenses 2:9-11

PABLO NOS ALIENTA a tener la mentalidad de Cristo demostrando su amor y aceptación para unos a otros. Debemos humillarnos dejando de lado las diferencias y la ambición propia por el bien de todos. Jesús se sacrificó voluntariamente para ser obediente hasta la muerte. Y Dios lo elevó por encima de todo para que toda rodilla se doble ante la mención de su nombre.

En esta víspera de gran anticipación y preparación para lo que ha venido y lo que está por venir, confiese nuestra lengua que Jesucristo es el Señor de nuestras vidas. Que podamos esforzarnos por tener una mentalidad similar a la de Cristo y dejar que nuestras rodillas golpeen el suelo al oír su nombre, Jesús.

Señor, cantemos como los ángeles, "¡Gloria en las alturas á Dios, y en la tierra paz, buena voluntad para con los hombres!" (Lucas 2:14). ¡Gloria a Dios en las alturas!

Día de Navidad, 25 de Diciembre

Lee Tito 2:11-14.
"Pues Dios ha mostrado su bondad, al ofrecer la salvación a toda la humanidad. Esa bondad de Dios nos enseña a renunciar a la maldad y a los deseos mundanos, y a llevar en el tiempo presente una vida de buen juicio, rectitud y piedad, mientras llega el feliz cumplimiento de nuestra esperanza: el regreso glorioso de nuestro gran Dios y Salvador Jesucristo. Él se entregó a la muerte por nosotros, para rescatarnos de toda maldad y limpiarnos completamente, haciendo de nosotros el pueblo de su propiedad, empeñados en hacer el bien."— *Tito 2:11-14*

¡EL MEJOR REGALO NÚMERO UNO DE 2020! Aquí está el regalo que resuelve los problemas mundanos, crea igualdad para todas las personas, restaura la esperanza y nos humilla a la reverencia de Jesús. El regalo que Jesús nos da es la salvación.

Recordar el pasado es importante. La retrospectiva ofrece sabiduría y claridad. La esperanza que una vez estuvo en un pesebre ahora se manifiesta en los actos de salvación de un hombre, Jesucristo.

Señor, ayúdanos a dejar a un lado todas las pasiones mundanas y ser premurosos por las buenas obras que descansan seguras en ti mientras anticipamos tu regreso.

GUÍA DE ESTUDIO PARA GRUPO PEQUEÑO

Esperanza

Para Empezar

- *¿Qué regalo especial recuerdas ver querido recibir más que ningún otro en la Navidad? Comparte este recuerdo.*

- *Mira el video para esta semana. Encuentra los videos por discusión de grupo pequeño a biblestudymedia.com/advent2020.*

- *Lee Salmos 80:1-7*

Preguntas para Discusión

1. *Desde el principio, el autor de este salmo se refiere a Dios como "El Pastor de Israel." ¿Cómo es que esta imagen nos habla sobre la necesidad de la ayuda?*

2. *El salmista expresó un anhelo profundo por la restauración de Dios. ¿Qué piensas que significa esta oración: "¡Míranos con buenos ojos y estaremos a salvo!?"*

3. ¿Cómo se presenta la salvación a esos que tienen esperanza en el Señor?

4. Hay varias peticiones en estos versículos. ¿Qué te enseñan sobre la oración?

5. El salmista está seguro que el Señor es la única defensa o esperanza de Israel. ¿Consideras al Señor como tu única esperanza? Si es así, ¿Cómo es que tu vida refleja esta creencia?

6. ¿Cómo cambiaría las circunstancias de tu vida si pudieras ver la luz del rostro de Dios? ¿Te daría esto una esperanza eterna?

Paz

Para Empezar

- *Cierra tus ojos y visualiza un caballete con una tela con la palabra "Paz" en el centro. En la tela, la imagen de paz está compuesta de palabras. ¿Qué palabras expresan para ti la imagen de paz? Por ejemplo, alegría, satisfacción, seguridad.*

- *Mira el video para esta semana. Encuentra los videos por discusión de grupo pequeño a biblestudymedia.com/advent2020.*

- *Lee Salmos 85:8-13.*

Preguntas para Discusión

1. *¿Qué crees que significa ser justo? ¿Cómo se describe la palabra fidelidad en el salmo (versículo 8-9)?*

2. *¿En el versículo 10, que crees tú que significa: "El amor y la verdad se darán cita, la paz y la justicia se besarán."*

3. *¿En este salmo, qué beneficios ofrece Dios a los que vuelven a él con todo corazón (versículo 12-13)?*

4. *El salmo indica el camino de nuestra relación con Dios. ¿Cómo nos hacemos justo con Dios?*

5. ¿Como los cultivos que brotan de la tierra, cómo es que la fidelidad sostiene nuestras vidas espirituales?

6. El versículo 12 habla sobre los frutos de la tierra. ¿Cómo sabes tu que Dios te ha dado estos frutos? Si Dios nos ofrece la paz a través de la fidelidad y la justicia, ¿cómo puedes conocer la paz que sobrepasa el entendimiento?

Amor

Para Empezar

- *En la película de 1970 "Love Story," hay una frase famosa que dice: "El amor significa nunca tener que decir lo siento." Si tú pudieras definir el amor con una palabra o una frase simple, ¿qué dirías?*
- *Mira el video para esta semana. Encuentra los videos por discusión de grupo pequeño a biblestudymedia.com/advent2020.*
- *Lee Isaías 61:1-11.*

Preguntas para Discusión

1. *Compare el comienzo de esta lectura con Lucas 4:16-21. ¿Quién es el orador? ¿Por qué es importante?*

2. *En los versículos 10-11, el novio y la novia son símbolos. ¿Cuál es el significado de estos símbolos?*

3. *¿Cómo hace el Señor a muchos justos?*

4. *En los versículos 2-3, las Escrituras describen cómo Dios consuela de los que lloran. ¿Te da esperanza esta imagen?*

5. *El versículo 7 nos muestra la herencia que podemos recibir de nuestro Padre. ¿Qué te dice esto sobre el amor de Dios tiene por ti?*

6. *¿De qué gran manera es que tu gozas en el Señor (versículo 10)? ¿Cómo puedes alentar esta alegría en el amor de Dios por ti?*

_____

_____

_____

_____

_____

_____

_____

_____

_____

_____

_____

_____

Alegría

Para Empezar

- ¿Qué es la única cosa que te ha traído más alegría en tu vida?

- Mira el video para esta semana. Encuentra los videos por discusión de grupo pequeño a biblestudymedia.com/advent2020.

- Lee Lucas 1:46-55.

Preguntas para Discusión

1. ¿Qué crees que significa cuando María dice, "Mi alma engrandece al Señor?"

2. ¿Dónde escuchas o encuentras la alegría de María en esta Escritura? ¿Cuáles son las fuentes de la alegría de María?

3. ¿Cómo es que María expresa sus esperanzas y sueños para ella y para su pueblo en su oración de regocijo?

4. ¿Tienes conciencia del plan único que Dios tiene para tu vida? ¿Cómo te traerá alegría la conciencia de ese propósito?

5. María fue elegida para ser la portadora de Dios (Griego: Theotokos). ¿Cómo estamos llamados a ser portadores de Dios en el mundo?

6. ¿Cómo podemos compartir la alegría de ser hijos de Dios con otros?

MARCIA HOTCHKISS ha estado casada con el reverendo Thomas Hotchkiss durante 32 años, incluidos dos años como esposa en el seminario y 26 años como esposa de un clérigo ordenado. Durante ese tiempo, se han mudado siete veces ya que Tom ha servido en ocho iglesias diferentes. Marcia ha impartido clases de formación cristiana en varias iglesias, ha dirigido estudios bíblicos y ha hablado en retiros.

Marcia ha enseñado comunicaciones en varias universidades, incluida la dinámica interpersonal, la comunicación grupal y oratoria. Tiene un certificado en dirección espiritual de un programa ecuménico de tres años. Marcia también ha sido capacitada como facilitadora del círculo de confianza por un protegido de Parker Palmer.

Es coautora de un libro de texto para hablar en público, así como de "View from the Pew", un estudio bíblico para cónyuges del clero. Marcia también ha escrito para The Living Church y The Anglican Digest. Junto con su esposo, Marcia escribe un blog www.midlifecontemplative.com. La pareja también es diseñadora y facilitadora de un retiro matrimonial dirigido especialmente a los clérigos y sus cónyuges. Marcia es la presidenta del evento del Instituto de Ministerios Espirituales en el área de DFW que promueve las prácticas contemplativas.

Marcia y Tom tienen dos hijos adultos y una nieta de un año, que es la luz de su vida. Le gusta leer, ver películas, viajar y pickleball.

GILDA HURST ha llamado hogar a McKinney, TX durante casi una década. Ella es una educadora profesional con licencia que pasó más de veinte años como maestra de aula, desarrolló programas para distritos escolares, se desempeñó como profesional  de crisis y mentora de maestros. Ha ministrado en comunidades de iglesias en Tennessee, Kentucky y Texas a jóvenes y adultos.

Ella es una evangelista de corazón que vive el ejemplo de Cristo dondequiera que va. Gilda fue recibida en la Orden de Evangelistas en la Diócesis Episcopal de Dallas en 2019. Ha estado casada con el Rev. Michael Hurst durante 39 años. Juntos han dirigido retiros de enriquecimiento matrimonial, enseñado educación cristiana y organizado reuniones sociales parroquiales increíbles. Sin embargo, su pasatiempo favorito es pasar días de aventuras con sus cinco nietos.

Gilda tiene una licenciatura en Carreras Vocacionales con Niños y Desarrollo Humano de la Universidad Western Kentucky y hizo sus estudios de posgrado en religión de la Escuela de Teología de la Universidad del Sur y del Centro Stanton para la Formación Ministerial. Es directora espiritual con licencia y coautora de "View from the Pew", un estudio bíblico para cónyuges del clero.

Bible Study Media

Bible Study Media believes in building up the Church through a fresh discovery of God's Word and Spirit.

We produce resources to shape hearts and minds around the patterns of Christ while strengthening community. Our Bible studies invite participants to journey together through the Scriptures in the rhythms of the Christian year.

We want to support churches! Our devotions and bible studies are timed to complement the Revised Common Lectionary (a common Scripture reading plan) which appoints the lessons for worship services for over half the Christian churches around the world.

We invite you to explore Bible Study Media's Ignite community—**Igniting Hearts and Engaging Minds.**

      members.biblestudymedia.com

THE CRUCIFIED LIFE: SEVEN WORDS FROM THE CROSS

Discover what it means to pick up your cross and follow Jesus.

The Crucified Life small group Christian study is designed to reflect upon the Seven Last Words of Christ from the cross and what they mean for us today.

Walk the road of Calvary with Jesus in order to grow closer to Him. The Crucified Life small group study examines human suffering as it is mirrored in Christ's suffering on the cross and what His seven last words say to a hurting world. Find out incredible insights into these words as Jesus teaches us, even in death, how we can use our suffering and triumph over it for His glory.

biblestudymedia.com/the-crucified-life

www.ingramcontent.com/pod-product-compliance
Lightning Source LLC
Chambersburg PA
CBHW052119110526
44592CB00013B/1668